BEI GRIN MACHT SICH
WISSEN BEZAHLT

- Wir veröffentlichen Ihre Hausarbeit,
  Bachelor- und Masterarbeit

- Ihr eigenes eBook und Buch -
  weltweit in allen wichtigen Shops

- Verdienen Sie an jedem Verkauf

Jetzt bei www.GRIN.com hochladen und kostenlos publizieren

Dionis Kelmendi

Kapitalkostenschätzung bei der Coca-Cola Company

Das Capital Asset Pricing Modell und das Fama-French-Modell im Vergleich

GRIN Verlag

Bibliografische Information der Deutschen Nationalbibliothek:

Die Deutsche Bibliothek verzeichnet diese Publikation in der Deutschen National-
bibliografie; detaillierte bibliografische Daten sind im Internet über http://dnb.d-
nb.de/ abrufbar.

Dieses Werk sowie alle darin enthaltenen einzelnen Beiträge und Abbildungen
sind urheberrechtlich geschützt. Jede Verwertung, die nicht ausdrücklich vom
Urheberrechtsschutz zugelassen ist, bedarf der vorherigen Zustimmung des Verla-
ges. Das gilt insbesondere für Vervielfältigungen, Bearbeitungen, Übersetzungen,
Mikroverfilmungen, Auswertungen durch Datenbanken und für die Einspeicherung
und Verarbeitung in elektronische Systeme. Alle Rechte, auch die des auszugsweisen
Nachdrucks, der fotomechanischen Wiedergabe (einschließlich Mikrokopie) sowie
der Auswertung durch Datenbanken oder ähnliche Einrichtungen, vorbehalten.

Impressum:

Copyright © 2014 GRIN Verlag GmbH
Druck und Bindung: Books on Demand GmbH, Norderstedt Germany
ISBN: 978-3-656-69746-6

Dieses Buch bei GRIN:

http://www.grin.com/de/e-book/276343/kapitalkostenschaetzung-bei-der-coca-cola-
company

GRIN - Your knowledge has value

Der GRIN Verlag publiziert seit 1998 wissenschaftliche Arbeiten von Studenten, Hochschullehrern und anderen Akademikern als eBook und gedrucktes Buch. Die Verlagswebsite www.grin.com ist die ideale Plattform zur Veröffentlichung von Hausarbeiten, Abschlussarbeiten, wissenschaftlichen Aufsätzen, Dissertationen und Fachbüchern.

Besuchen Sie uns im Internet:

http://www.grin.com/

http://www.facebook.com/grincom

http://www.twitter.com/grin_com

Eberhard Karls Universität Tübingen

Wirtschafts- und Sozialwissenschaftliche Fakultät

Lehrstuhl für Finance

Bachelorarbeit

Kapitalkostenschätzung bei der Coca-Cola Company

Vorgelegt am 04.06.2014

von

Dionis Kelmendi

Inhaltsverzeichnis

Abbildungsverzeichnis

Tabellenverzeichnis

Abkürzungsverzeichnis

AMEX	American Stock Exchange
APT	Arbitrage Pricing Theory
CAPM	Capital Asset Pricing Model
COT	Cott Corporation
CPM	Capital Market Line
CRSP	Center for Research in Security Prices
DOW	Dow Jones Industrial Average
DPS	Dr Pepper Snapple Group, Incorporation
F-F	Fama-French-Dreifaktorenmodell
FIZZ	National Beverage Corporation
HML	High Minus Low
KBW	Kurs-Buchwert-Verhältnis
KO	The Coca-Cola Company
MNST	Monster Beverage Corporation
MRP	Marktrisikoprämie
NASDAQ	National Association of Securities Dealers Automated Quotations
NYSE	New York Stock Exchange
PEP	PepsiCo, Incorporation
S&P	Standard & Poor´s
SMB	Small Minus Big
SML	Security Market Line
u.d.N.	unter der Nebenbedingung
WACC	Weighted Average Cost of Capital

Symbolverzeichnis

E(HML)	=	Erwartungswert der High Minus Low – Prämie
$E(R_i)$	=	Erwartungswert der Rendite des Portfolios i
$E(R_m)$	=	Erwartungswert der Rendite des Marktportfolios
E(SMB)	=	Erwartungswert der Small Minus Big – Prämie
f	=	Index bei Verwendung eines risikolosen Wertpapiers
i	=	Index für das Wertpapier i
k_E	=	Eigenkapitalkosten
m	=	Index für das Marktportefeuille
n	=	Anzahl der Portfolios bzw. Wertpapiere
p	=	Index für das Portfolio p
R^2	=	Bestimmtheitsmaß
r_f	=	Risikoloser Marktzinsfuß
r_M	=	Tatsächliche Marktrendite
w_i	=	Relativer Anteil des i-ten Wertpapiers im Portfolio
α	=	Regressionskoeffizient
β	=	Parameter für das systematische Risiko
∂	=	Partielle Ableitung
ρ	=	Korrelationskoeffizient
σ_i^2	=	Varianz der Rendite für das Wertpapier i
σ_i	=	Standardabweichung der Rendite für das Wertpapier i
σ_{ik}	=	$Cov(R_i, R_k)$ = Kovarianz der Renditen der Wertpapiere i und k
σ_M	=	Standardabweichung der Rendite des Marktportfolios
σ_M^2	=	$Var(R_M)$ = Varianz der Rendite des Marktportfolios
$\wedge$	=	Steigung
Σ	=	Summe

Formelverzeichnis

Formel 1: Das Capital Asset Pricing Model (Ross et al. 2010, S. 359)

$$\boxed{\text{CAPM}= k_E = r_f + \beta \times (r_m - r_f) = r_f + \beta \times \text{MRP}}$$

k_E	=	Erwartete Eigenkapitalkosten
r_f	=	Risikofreie Rendite
β	=	Risikohöhe einer Anlage (Marktrisiko)
r_m	=	Erwartete Marktrendite
MRP	=	Marktrisikoprämie

Formel 2: Das Fama-French-Dreifaktorenmodell (Ross et al. 2010, S. 385)

$$\boxed{E(R_i) = r_f + \beta^M \times (E[R_M] - r_f) + \beta^{SMB} \times E(SMB) + \beta^{HML} \times E(HML)}$$

$E(R_i)$	=	Erwarte Rendite des i-ten Wertpapieres
r_f	=	Risikofreie Rendite
β	=	Faktorspezifische Risikohöhe
$E(R_M)$	=	Erwartete Marktrendite
SMB	=	Small Minus Big – Prämie
HML	=	High Minus Low – Prämie

1. Einleitung

Die Kapitalkosten eines Unternehmens und das von Sharpe (1964), Lintner (1965) und Mossin (1966) formulierte Capital Asset Pricing Modell (CAPM) spielen eine zentrale Rolle in der modernen Finanzierungstheorie. Da bereits minimale prozentuale Unterschiede in Kapitalkosten zu einer Veränderung des Ergebnisses in Millionenhöhe führen können, ist die Art und Weise der Kapitalkostenschätzung von großer Bedeutung. Beim CAPM handelt es sich um ein Gleichgewichtsmodell eines perfekten Kapitalmarktes, welches eine Bewertung der Rendite und des Risikos von Investitionen oder Aktienanlagen ermöglicht.

Das wesentliche Ziel der vorliegenden Arbeit liegt darin, die Eigenkapitalkosten der Coca-Cola Company (KO) zu berechnen und diese mit den Eigenkapitalkosten konkurrierender Unternehmen zu vergleichen. Bei der Berechnung der Kapitalkosten stellen neben den Eigenkapitalkosten, insbesondere die Fremdkapitalkosten eine entscheidende Größe dar. Allerdings liegt der Fokus bei dieser Bachelorarbeit in der Ermittlung der Eigenkapitalkosten, weshalb die Berechnung der gesamten Kapitalkosten nach dem Weighted Average Cost of Capital (WACC) Verfahren hier keine weitere Berücksichtigung findet.

Das zweite Kapitel dient der formalen Herleitung des CAPM und der Darstellung zentraler Annahmen und grundlegender Erkenntnisse dieser Gleichgewichtstheorie. Im Anschluss an diese theoretische Einführung erfolgt im dritten Kapitel eine kurze Unternehmensanalyse, bei welcher das Hauptaugenmerk auf KO liegt. Kapitel vier beinhaltet die Berechnung der Eigenkapitalkosten und die Durchführung des CAPM für KO. Daraufhin erfolgt im fünften Kapitel zuerst die theoretische Einführung des Fama-French-Dreifaktorenmodells und anschließend die praktische Anwendung dieses weiterführenden Modells zur Schätzung der Kapitalkosten. Kapitel sechs dieser Arbeit widmet sich der vergleichenden Betrachtung von KO und ähnlichen Unternehmen aus der gleichen Industrie. Abschließend werden im siebten Kapitel die verschiedenen Ergebnisse zusammengefasst und vergleichend analysiert.

2. Das CAPM – eine klassische Gleichgewichtstheorie

2.1 Die Herleitung des CAPM

Das von Sharpe (1964), Lintner (1965) und Mossin (1966) konzipierte CAPM, welches auf den Erkenntnissen der Portfoliotheorie von Markowitz (1952) und den Arbeiten zur Unternehmensfinanzierung auf vollkommenen Märkten von Modigliani/Miller (1958) basiert, ermöglicht als eines der zentralen Kapitalmarktmodelle die Bewertung risikobehafteter Anlagemöglichkeiten (Perridon et al. 2009, S. 260). Das CAPM bildet einen Eckpfeiler der modernen Finanzierungstheorie, der die Preisbildung an Kapitalmärkten und damit die Renditestruktur verschiedener Kapitalanlagen erklärt. Dabei wird gezeigt, dass im Kapitalmarktgleichgewicht nicht die Varianzen der einzelnen risikobehafteten Wertpapiere, sondern die Kovarianzen mit dem Marktportfolio entscheidend für die Renditestruktur sind (Copeland et al. 2008, S. 206). Der Grundstein für die Herleitung des CAPM wurde von Markowitz (1952) und Tobin (1958) gelegt. Markowitz (1952, 1991) schildert in seiner Portfoliotheorie, dass ein rationaler und risikoaverser Anleger sein Portfolio nur aufgrund des Kriteriums der Varianz und der zu erwartenden Rendite auswählt. Das von Tobin formulierte Separationstheorem besagt, dass die jeweilige Risikopräferenz eines Investors nur bei der Wahl „über die Höhe der Beimischung einer risikolosen Anlage in das Portfolio" miteinfließt (Perridon et al. 2009, S. 119). Dahingegen weist der riskante Teil des Portfolios aller Investoren im Kapitalmarktgleichgewicht die identische Struktur auf.

Die Herleitung des CAPM erfolgt im Wesentlichen in zwei Schritten. Im Folgenden werden nur die essentiellen, formalen Schritte der Herleitung aufgeführt.[1] Zuerst wird das Modell der Kapitalmarktlinie (CML) beleuchtet (Kruschwitz/Schöbel 1987). Die CML repräsentiert die erwartete Rendite-Risiko-Kombination effizienter Portfolios im Kapitalmarktgleichgewicht. Das Modell der CML zeigt, dass unter bestimmten restriktiven Annahmen das Portfolio aller Marktteilnehmer nur aus dem Tangentialportfolio der riskanten Wertpapiere und der risikolosen Anlagemöglichkeit besteht (Danthine/Donaldson 2005, S. 122).[2] Es erklärt jedoch nicht die Bestimmung des Marktwertes der einzelnen, im Marktportfolio enthaltenen, risikobehafteten Kapitalanlagen. Diese Erklärung für die Bestimmung von Preisen einzelner riskanter Anlagemöglichkeiten wird vom Modell der Wertpapierlinie (SML), dem eigentlichen Kern des CAPM gelie-

---

[1] Zur ausführlichen Herleitung des CAPM siehe Anhang.

[2] Vgl. Abb. 2 und genauere Erläuterung im Anhang.

fert (Perridon et al. 2009, S. 265). Das Ziel im zweiten Schritt der Herleitung ist es, die CAPM-Renditegleichung zu bestimmen. Die im Folgenden aufgeführte formale Herleitung des CAPM greift auf die Darstellung von Kruschwitz/Schöbel (1987) zurück. Die erwartete Rendite und Varianz eines Portfolios P, welches n Wertpapiere enthält, lässt sich wie folgt darstellen:

$$E(R_P) = \sum_{i}^{n} w_i \, E(R_i) \qquad [1]$$

$$\sigma_P^2 = \sum_{i}^{n} \sum_{k}^{n} w_i w_k \, \sigma_{ik} = \sum_{i}^{n} w_i^2 \, \sigma_i^2 + 2 \sum_{i}^{n} \sum_{k>i}^{n} w_i \, w_k \sigma_{ik} \qquad [2]$$

Für alle Marktteilnehmer ergibt sich im Kapitalmarktgleichgewicht folgendes Optimierungsproblem:

$$\max \Lambda(w) = \frac{\sum w_i E(R_i) - R_f}{\sigma_P} \quad \text{u.d.N.} \sum w_i = 1 \,^3 \qquad [5]$$

Um die CAPM-Renditegleichung für ein beliebiges Wertpapier zu erhalten, berechnet man nach Kruschwitz/Schöbel (1987) die partielle Ableitung von Λ nach w_j in 3 Schritten. [4]

$$\frac{\partial \Lambda(w)}{w_j} = 0 \text{ für } j = 1,...,n \qquad [6]$$

Unter Einhaltung der Quotientenregel erhält man folgende partielle Ableitung:

$$\frac{\partial \Lambda(w)}{w_j} = \left(\sigma_P [E(R_j) - R_f] - [E(R_P) - R_f]\frac{\sigma_{jP}}{\sigma_P}\right) \Big/ \sigma_P^2 = 0 \qquad [9]$$

Im Kapitalmarktgleichgewicht muss das optimale Portfolio P bei homogenen Erwartungen der Anleger dem Marktportfolio M entsprechen. Löst man nun nach der Renditeerwartung des Wertpapieres j auf, so erhält man folgende Gleichung:

$$[E(R_M) - R_f]\frac{\sigma_{jM}}{\sigma_M} = \sigma_M [E(R_j) - R_f]$$

$$E(R_j) = R_f + [E(R_M) - R_f]\frac{\sigma_{jM}}{\sigma_M^2} = R_f + \beta_j \, [E(R_M) - R_f] \qquad [10]$$

Gleichung 10 beschreibt die SML, welche besagt, dass die Renditeerwartung einer risikobehafteten Anlagemöglichkeit im Kapitalmarktgleichgewicht der Summe der risikofreien Rendite und der Risikoprämie entspricht (Perridon et al. 2009, S. 266).

---

[3] Budgetbeschränkung eines jeden Investors.
[4] Für die ersten beiden Berechnungsschritte siehe Anhang.

Das Risikomaß β_j, welches im CAPM auch als systematisches Risiko oder Marktrisiko bezeichnet wird, lässt sich wie folgt berechnen (Perridon et al. 2009, S. 276):

$$\beta_j = \frac{\sigma_{jM}}{\sigma_M^2} = \frac{COV(R_j, R_M)}{VAR(R_M)} = \rho_{jM}\frac{\sigma_j}{\sigma_M}$$

2.2 Die Wertpapierlinie und der Rendite-Risiko-Zusammenhang des CAPM

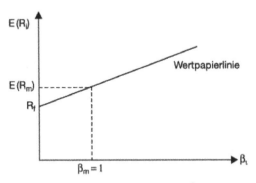

Abb. 1: Die Wertpapierlinie [5]

Die ermittelte Risikoprämie entspricht dem Produkt aus dem Risikopreis $E(R_M) - R_f$ und der Risikohöhe β, die proportional zur Kovarianz zwischen der Wertpapierrendite und der Marktrendite ist. Damit hängt die Renditeerwartung im CAPM ausschließlich von Marktparametern ab. Die SML in Abb. 1 gibt die lineare Beziehung zwischen der Rendite und dem Risiko einer Anlage wieder. Demzufolge steigen im CAPM die Renditeforderungen der Anleger mit zunehmendem Beta linear an (Perridon et al. 2009, S. 267). Da die risikolose Anlage keine Kovarianz mit dem Marktportfolio aufweist, ist ihr Beta gleich 0, wohingegen das Beta des Marktportfolios 1 beträgt (Perridon et al. 2009, S.267).

$$\beta_M = \frac{COV(R_M, R_M)}{VAR(R_M)} = \frac{VAR(R_M)}{VAR(R_M)} = 1$$

Dabei bezieht sich das Risikomaß β nur auf das systematische Risiko, also das nicht wegdiversifizierbare Risiko, und nicht auf das Gesamtrisiko einer Kapitalanlage. Diese Unterscheidung zwischen systematischem und unternehmensspezifischem oder unsystematischem Risiko ist beim CAPM von zentraler Bedeutung, weil der Markt nur das systematische Risiko in Form einer Risikoprämie bezahlt (Danthine/Donaldson 2005, S. 123-24). Dahingegen kann für unsystematisches Risiko keine zusätzliche Rendite

---

[5]Bildquelle: http://wirtschaftslexikon.gabler.de/media/544/45135.png

erwartet werden, da dieses Risiko wegdiversifiziert werden kann (Bauer 1992, S. 26-28).[6] Die Übernahme einer nicht diversifizierten Position würde damit eine irrationale Entscheidung des Marktteilnehmers darstellen.

2.3 Zentrale Annahmen des CAPM

Die Erkenntnisse des CAPM erscheinen intuitiv einleuchtend, allerdings basiert das CAPM als erklärendes Kapitalmarktmodell auf einer Vielzahl restriktiver Annahmen. An dieser Stelle werden die wichtigsten Annahmen, die zum Teil in der Herleitung des CAPM bereits angeschnitten worden sind, zusammengefasst (Copeland et al. 2008, Damodaran 2010, Perridon et al. 2009):

[A1]   Alle Marktteilnehmer sind risikoavers und beabsichtigen den erwarteten Nutzen ihres Vermögens am Ende des einperiodigen Planungshorizontes zu maximieren.

[A2]   Investoren agieren auf dem Kapitalmarkt als Preisnehmer und haben homogene Erwartungen bezüglich der Renditen der Wertpapiere, welche eine Normalverteilung aufweisen.

[A3]   Es existiert ein für alle Anleger identischer risikoloser Zinssatz, zu dem jeder Investor in unbegrenzter Höhe Anlagen tätigen oder Kredite aufnehmen kann.

[A4]   Die Menge der Wertpapiere, die allesamt auf dem Kapitalmarkt gehandelt werden, ist vorgegeben. Darüber hinaus sind alle Wertpapiere beliebig teilbar.

[A5]   Im Kapitalmarkt existieren keine Unvollkommenheiten wie Steuern, Regulierungen und Transaktionskosten. Des Weiteren herrscht im Kapitalmarkt Informationseffizienz, sodass jedem Anleger alle relevanten Informationen zeitgleich und kostenlos zu Verfügung stehen.

Diese vereinfachenden Annahmen ermöglichen erst die Herleitung und Entwicklung des CAPM (Copeland et al. 2008, S. 207). Aufgrund dieser zum Teil stark restriktiven und realitätsfremden Annahmen, sind mit der Zeit eine Vielzahl an Modellvarianten und Alternativen entstanden, die mit gelockerten Prämissen versuchen, die Renditeerwartung von Kapitalanlegern zu erklären. Einen solchen alternativen Ansatz stellt die Arbitrage Pricing Theory (APT) von Ross (1976) dar.

---

[6] Zur Veranschaulichung der Diversifikation vgl. Abb. 3 im Anhang.

3. Unternehmensanalyse der Coca-Cola Company

Die im Jahre 1886 in Atlanta gegründete Coca-Cola Company ist mit einem Marktanteil von über 50 % in der Branche „Beverages – Soft drinks" der weltweit führende Produzent von nicht-alkoholischen Erfrischungsgetränken. KO ist als langjähriger Branchenprimus global präsent und produziert mehr als 500 Getränkemarken. Ihr vielfältiges Produktportfolio reicht dabei von Fruchtsäften über Sportgetränke bis hin zu Kaffee oder Tee (KO 2014). Die Gründe für den Erfolg sind neben der ausgeprägten Marketingkompetenz vor allem im eigenen Abfüllungssystem zu sehen. Insbesondere wegen ihrer Größe und dem hohen Wert der Marke Coca-Cola ist die KO in der Lage nachhaltige Skalenvorteile gegenüber Wettbewerbern zu erzielen (KO 2013). So sind die Aktienkurse der im DOW gelisteten KO seit 1994 um ein Vielfaches angestiegen.[7] Im Vergleich zu den Wettbewerbern dieser Branche fällt im Besonderen die hohe Marktkapitalisierung[8] der KO auf. Aus Gründen der Konsistenz werden dabei nur Unternehmen aus dem US-Dollar Währungsraum miteinander verglichen. Zudem beschränkt sich die vergleichende Betrachtung auf das Kurs-Buchwert-Verhältnis (KBV) ausgewählter Unternehmen der Branche, da gerade dieser Kennziffer im später aufgeführten Fama-French-Dreifaktorenmodell (F-F) eine wichtige Rolle zukommt. Beim KBV handelt es sich um eine Börsenkennzahl, die verwendet wird, um den aktuellen Marktpreis eines Unternehmens mit seinem Buchwert zu vergleichen (Berk/De Marzo 2011, S. 43).

Kurs-Buchwert-Verhältnis			
Unternehmen	**Aktienkurs**	**Buchwert je Aktie**	**KBV**[9]
KO	$40,58	$7,44	5,45
PEP	$85,58	$15,08	5,67
DPS	$57,20	$11,24	5,09
COT	$7,08	$6,22	1,14
MNST	$69,63	$6,60	10,55
FIZZ	$17,79	$2,30	7,73

Tab. 1: Berechnung des KBV der Coca-Cola Company und ihrer Konkurrenten (Datenquelle: Yahoo Finance, 22.05.14)

---

[7] Zur graphischen Veranschaulichung siehe Abbildung 4 im Anhang.
[8] Vgl. Tabelle 7 im Anhang.
[9] KBV= Aktienkurs/Buchwert je Aktie

Bis auf COT weisen alle betrachteten Unternehmen ein relativ hohes KBV auf. Aus der Höhe des KBV lässt sich schließen, wie die Zukunftsaussichten des Unternehmens von Marktteilnehmern bewertet werden (Schmidlin 2013, S. 119-24). Die geringe Kapitalintensität der Erfrischungsgetränk-Branche kann als ein erklärender Faktor für die hohen KBV herangezogen werden. Das sehr hohe KBV der jüngeren Unternehmen MNST und FIZZ kann darüber hinaus mit „erhöhten Wachstumsraten und Catch-up-Effekten" erklärt werden (Schmidlin 2013, S. 119-24).

4. Berechnung der Kapitalkosten

4.1 Bestimmung der risikofreien Rendite

In der modernen Finanzwirtschaft wird Risiko als die mögliche Abweichung der tatsächlichen von der erwarteten Rendite definiert. Folglich müssen sich die tatsächliche und die erwartete Rendite für eine risikofreie Anlage entsprechen (Damodaran 2010, S. 101). Damodaran (2010, S. 101) nennt für die Existenz einer risikofreien Kapitalanlage zwei wesentliche Bedingungen, die erfüllt sein müssen: Für das Wertpapier darf weder ein Ausfallrisiko noch ein Wiederanlagerisiko bestehen. Ersteres kann lediglich von Regierungen gewährleistet werden, weil nur diese über das Recht verfügen, unbegrenzt Geld zu drucken (Damodaran 2010, S. 101).

Nach einer Umfrage von Bruner et al. (1998, S. 17) herrscht weder in der Literatur noch in der Praxis Einigkeit darüber, welcher risikofreie Satz zu verwenden ist. Dennoch besteht eine Tendenz, bei der Schätzung der risikofreien Rendite auf langfristige Staatsanleihen ohne Coupons zurückzugreifen (Bruner et al. 1998, S. 17).

Laufzeit des US Treasury Bonds	5 Jahre	10 Jahre	30 Jahre
Rendite	1,68%	2,63%	3,41%

Tab. 2: Renditenvergleich von US Treasuries mit verschieden langer Laufzeit (Datenquelle: Reuters Datastream, 09.05.2014)

Zwar ergibt sich je nach Laufzeit der US Treasury Bonds eine unterschiedlich hohe risikofreie Rendite, letztlich spielt die Auswahl der risikofreien Rendite bei der Durchführung des CAPM und der Interpretation der Ergebnisse aber keine übergeordnete Rolle. Für diese Arbeit wurde entsprechend der dominierenden Lehrmeinung die Rendite eines US Treasury Bonds mit einer Laufzeit von 10 Jahren als risikofreie Rendite r_f ausgewählt (Damodaran 2008, S. 10).

4.2 Ermittlung der Risikoprämie

Die Marktrisikoprämie (MRP) berechnet sich als die Differenz zwischen der erwarteten Marktrendite und dem risikofreien Zinssatz. Sie gilt als ein signifikanter Bestimmungsfaktor des CAPM und wird mittels historischen Daten kalkuliert (Copeland et al. 2008, S. 234-35). Die MRP bemisst die Höhe der von Anlegern zusätzlich erwarteten Rendite bei einer Investition in eine risikobehaftete Kapitalanlage. Neben der historischen Berechnung des MRP nennt Damodaran (2010, S. 106) noch zwei Praktikerverfahren, die für die Ermittlung der MRP verwendet werden. Im ersten Verfahren werden Großinvestoren über ihre zukünftigen Renditeerwartungen befragt. Die MRP ergibt sich hierbei als gewichtetes Mittel der individuell erwarteten Renditen. Das andere Praktikerverfahren verwendet für die Berechnung implizite Risikoprämien (Damodaran 2010, S. 106). Allerdings finden in dieser Arbeit beide Verfahren aufgrund der von Damodaran (2010, S. 107 ff.) geschilderten Mängel keine Anwendung. Obgleich die historische Methode der MRP-Berechnung auch nicht frei von Defiziten ist, stellt sie die beste Alternative dar. Die Überlegenheit dieser Methodik kann in einer breiten Umfrage von Bruner et al. (1998, S. 18) bestätigt werden.

Bei der Ermittlung der MRP spielen insbesondere die Länge des betrachteten Zeitintervalls und die Auswahl des risikofreien Zinssatzes eine wesentliche Rolle (Copeland et al. 2008, S. 234). Für diese Arbeit wurde ein Betrachtungszeitraum von 20 Jahren (1994-2014) mit monatlichen Renditen des S&P 500 ausgewählt. Der Vorteil dieses eher kürzeren Analysezeitraums ist die höhere Aktualität der Schätzung, die wegen der sich im Zeitverlauf verändernden Risikoaversionen der Investoren von großer Bedeutung ist, da sie ein aussagekräftigeres Abbild der jüngsten Marktsituation darstellt (Damodaran 2010, S.108). Die Verwendung des arithmetischen Mittels zur Berechnung der erwarteten Marktrendite ergab für den Zeitraum März 1994-März 2014 eine durchschnittliche Marktrendite von $r_M = 8{,}22$ %. Nach Abzug des risikofreien Zinssatzes, $r_f = 2{,}63$ %, erhält man für die betrachtete Periode schließlich eine MRP von 5,59 %.

4.3 Schätzung des Risikoparameters Beta

Der Risikofaktor Beta gibt die Sensitivität der Rendite einer risikobehafteten Kapitalanlage gegenüber Marktveränderungen an (Berk et al. 2012, S. 359-61). Zur Schätzung dieses letzten Input-Faktors des CAPM wurde neben dem historischen Verfahren zusätzlich noch die Bottom-up Beta Methode angewandt. Obwohl das Verfahren des

Bottom-up Betas oftmals zu einem geeigneteren Schätzwert des Betas führen kann (Ross et al. 2010, S. 400), wurde es bei der Schätzung des Betas von KO nicht weiter eingesetzt. Ein entscheidender Grund für die Nichtberücksichtigung dieses Verfahrens ist in der schwierigen Auswahl einer vergleichbaren Peergroup für KO zu sehen. Die Einschränkung des Unternehmensvergleiches auf Unternehmen aus dem US-Dollar Währungsraum und aus der Branche „Nonalcoholic Beverages – Soft Drinks" hat den Pool an ähnlichen Unternehmen erheblich reduziert. Für die vergleichende Betrachtung wurden aus diesem Grunde insbesondere im Hinblick auf das F-F neben den größeren Konkurrenten PEP und DPS bewusst auch kleinere Unternehmen wie COT oder FIZZ herangezogen. Bei der Berechnung des historischen Betas mittels linearer Regression haben vor allem die Wahl der Datenfrequenz (täglich, wöchentlich oder monatlich), des Analysezeitraums und des Marktportfolios zur Bestimmung der Marktrenditen einen maßgeblichen Einfluss auf die Höhe und Aussagekraft des Betas (Damodaran 2010, S. 123). Die Auswahl einer längeren Analyseperiode liefert zwar mehr Daten, jedoch muss beachtet werden, dass sich im Laufe der betrachteten Zeit das Geschäftsmodell, bzw. das unternehmerische Risiko und damit das Beta des Unternehmens verändern kann (Damodaran 2010, S. 123). Auch wenn es für KO keine außergewöhnlichen Vorkommnisse oder Übernahmen gab, die zu einer signifikanten Veränderung der Risikocharakteristik des Unternehmens geführt haben, wurde für die Beta-Schätzung von KO ein eher kürzerer Zeitraum von 5 Jahren als passend erachtet, weil dieser einen höheren Gegenwartsbezug aufweist. Die Wahl der Datenfrequenz geht eng mit der Auswahl des Untersuchungszeitraums einher. Dabei handelt es sich bei der Entscheidung über die Datenfrequenz um einen Trade-off zwischen einer stärkeren Gewichtung von Einzelergebnissen und einem größeren Datenvolumen. Entsprechend der weitverbreiteten Meinung in der Literatur sowie in der Praxis wurden für die Berechnung von KO´s Beta wöchentliche Renditen verwendet. Schließlich ist die Wahl des Marktportfolios für die Regression ausschlaggebend (Damodaran 2010, S. 123). Aufgrund seiner hohen Repräsentativität wurde für die Schätzung von KO´s Beta der S&P 500 als Marktindex ausgewählt (Damodaran 2010, S. 123). Diese Kriterienauswahl ergab bei der Regression für den Zeitraum 23.03.09 – 24.03.14 ein Beta von KO in Höhe von $\beta_{KO} = 0{,}5229$[10]. Dabei sind sowohl die Regression an sich als auch das Beta mit einer t-Statistik von 10,50 statistisch signifikant.[11]

---

[10] Für die Regression des historischen Betas vgl. Abb. 5 im Anhang.
[11] Vgl. Regressionsoutput in Abb. 6.

4.4 Durchführung des CAPM

Die Ausführung des CAPM (Formel 1) resultiert schließlich in Eigenkapitalkosten von KO in Höhe von k_E= 5,55 %.

Historisches Beta	0,5229
Marktrendite	8,22%
Risikofreie Rendite	2,63%
Eigenkapitalkosten	**5,55%**

Tab. 3: Durchführung des CAPM bei der Coca-Cola Company

Die Eigenkapitalkosten stellen aus Sicht der Anleger die geforderte Verzinsung ihres Kapitals für das bei der Investition eingegangene Risiko dar (Damodaran 2010, S. 150). Das breite Produktportfolio und das stabile, schwach zyklische Geschäftsmodell der KO sind zwei wichtige Aspekte, welche die verhältnismäßig niedrigen Eigenkapitalkosten des erfolgreichen Getränkeunternehmens erklären.

4.5 Sensitivitätsanalyse zu den wichtigsten Parametern der Schätzung

In den bisherigen Unterkapiteln wurden die entscheidenden Größen des CAPM präsentiert und die verschiedenen Vor- und Nachteile der Parameterauswahl erörtert. Da die Auswahl der einzelnen Parameter nicht frei von Ermessensspielräumen ist, wird im Folgenden eine Sensitivitätsanalyse zu den wichtigsten Parametern durchgeführt. Zuerst wird die Auswahl des Aktienindexes, der im Rahmen des CAPM das effiziente Marktportfolio abbildet, betrachtet. Denn gerade an der Wahl des nicht-beobachtbaren Marktportfolios, welches sich aus der Gesamtheit aller beliebig teilbaren risikobehafteten Wertpapiere zusammensetzt (Perridon et al. 2009, S. 262), entzündet sich die größte Kritik am CAPM. Tabelle 8 im Anhang bestätigt die Kritiker darin, dass die Auswahl des Marktindexes einen maßgeblichen Anteil an der Höhe des Betas hat. So ergibt sich beispielsweise am NASDAQ gegenüber dem DOW ein um circa 0,2 Punkte niedrigeres Beta. Die Wahl des Marktindexes hat folglich einen erheblichen Einfluss auf die Höhe des Betas sowie auf den Eigenkapitalkostensatz und kann damit zu schwerwiegenden Planungsfehlern führen. Der Grund für die Wahl des S&P 500 liegt darin, dass er im Kontrast zum technologisch geprägten NASDAQ die US-Unternehmen mit der größten Marktkapitalisierung enthält und dadurch das Marktportfolio am besten abbildet (Damodaran 2010, S. 123-24). Gegen den preisgewichteten DOW spricht die Überbetonung von Aktien mit einem zahlenmäßig hohen Wert. Es sei an dieser Stelle darauf hingewiesen, dass für den späteren Vergleich des CAPM mit dem F-F der S&P 500 vom wertgewichteten CRSP Index ersetzt wird.[12] Der Grund liegt darin, dass sich die MRP (1994-2014) der beiden Indizes aufgrund einer niedrigeren Korrelation deutlich unterscheiden und demzufolge eine Vergleichbarkeit der Ergebnisse des F-F und des CAPM nicht gegeben wäre.[13] Neben dem Marktportfolio hat insbesondere die Länge des Analysezeitraums erheblichen Einfluss auf die Höhe des Betas (Damodaran 2010, S. 123). Wie Tabelle 10 im Anhang verdeutlicht, variiert das Beta von KO je nach Betrachtungszeitraum unterschiedlich stark. Grundsätzlich ergeben sich für KO eher niedrige Beta-Faktoren, was vor allem an der geringen Sensitivität der Erfrischungsgetränk-Branche zur Marktentwicklung liegt. Insbesondere das weitestgehend konjunkturunabhängige Geschäftsmodell und die, aufgrund des starken Markenwertes, hohe Marktposition der KO resultieren in niedrigen Betas und damit in einer geringen Abhängigkeit der KO-Rendite von der allgemeinen Marktentwicklung. So wirkte sich beispielsweise die Wirtschaftskrise Ende 2008 relativ schwach auf das Wachstum und die Entwicklung der KO aus, da die Nachfrage nach Getränken wie Wasser oder Limonade nahezu keine Abhängigkeit zur gesamten Marktsituation aufweist (Reuters 2008). Betrachtet man die Zeiträume 1984 – 2014 und 2009 – 2014, so stellt man eine deutliche Reduktion des systematischen Risikos fest. Zahlreiche Produktneueinführungen und Übernahmen sowie technologische Innovationen als auch eine strategische Transformation der KO haben im Laufe der Zeit zu einer erweiterten Produktlinie, zusätzlichen Skalenvorteilen und schließlich zu einem reduzierten Geschäftsrisiko geführt (n-tv 2014). Dahingegen liefert die Zunahme des Fremdkapitalanteils bei KO in den Jahren 2010/2011 einen möglichen Grund für das in diesem Zeitraum höhere Beta (KO 2012). Denn neben dem Geschäftsmodell haben das leistungswirtschaftliche Risiko und der Verschuldungsgrad in besonderem Maße Einfluss auf das Beta (Damodaran 2010, S. 131). Neben den jeweiligen Betas gibt Tabelle 10 im Anhang auch das entsprechende Bestimmtheitsmaß der Regression wieder. Diese wichtige Kennziffer ist nicht nur ein Maß für den Erklärungsgehalt der Regression, sondern sie liefert auch einen Schätzwert für den Anteil des Unternehmensrisikos, der auf das Marktrisiko zurückgeführt werden kann (Damodaran 2010, S. 123).

---

[12] Für eine kurze Anmerkung siehe Anhang.
[13] Zum Vergleich des Eigenkapitalkostensatzes siehe Tab. 9 im Anhang.

5. Das Fama-French-Dreifaktorenmodell

5.1 Eine theoretische Einführung

Die Brauchbarkeit und empirische Gültigkeit des CAPM ist noch heute Mittelpunkt einer kontroversen Debatte, bei der hauptsächlich die vereinfachende Annahme des CAPM kritisiert wird, dass es sich bei den Anlegern um reine Vermögensinvestoren handelt, die ihr gesamtes Kapital in Wertpapiere investieren (Cochrane 2005, S. 172). Damit bleibt nur das marktbezogene Risikomaß β als Erklärungsfaktor übrig, da die Existenz von Humankapital und zusätzlichen Faktoren wie Einkommen ausgeschlossen wird (Cochrane 2005, S. 172; Copeland et al. 2008, S. 206). Die Wissenschaftler Fama und French spezifizieren in ihrem linearen Mehrfaktorenmodell neben der MRP noch zwei weitere Faktoren zur Erklärung der Renditen von Kapitalanlagen (1992, 1993). Bei diesen beiden Faktoren handelt es sich zum einen um das Size Premium (SMB), dass sich aus der Differenz „zwischen den Renditen eines Portefeuilles kleiner und eines großer Aktien" ergibt, und zum anderen um das Value Premium (HML), welches den Unterschied „zwischen den Renditen eines Portefeuilles hoher und einem niedriger Buch-zu-Marktwert-Aktien" wiedergibt (Copeland et al. 2008, S. 231-34). Mit diesen zusätzlichen Faktoren wollen Fama und French Teile der Renditen erklären, die durch das CAPM unerklärt bleiben (Copeland et al. 2008, S. 230-34). Als Marktindex wird im F-F der wertgewichtete CRSP NYSE/AMEX/NASDAQ Index verwendet (Fama/French 1992, S. 429-31). Das „Size Premium" besagt, dass kleinere Aktien dazu tendieren, größere Aktien zu überbieten, während beim „Value Premium" damit argumentiert wird, dass Aktien mit einem hohen Buch-zum-Marktwert (Value-Aktien) diejenigen mit einem niedrigen (Growth-Aktien) übertreffen (Ross et al. 2010, S. 385). Aus diesem Grund werden für die Faktoren SMB und HML positive Werte erwartet. Damit prognostiziert das F-F einen linearen Zusammenhang zwischen den drei Faktoren MRP, SMB, HML und der erwarteten Rendite einer Kapitalanlage (Ross et al. 2010, S. 385).

5.2 Anwendung des Fama-French-Modells

Für die Durchführung des F-F ist vorab zu erwähnen, dass der dem CAPM entsprechende risikofreie Zinssatz sowie der identische Betrachtungszeitraum für die Beta-Schätzung und die MRP-Ermittlung ausgewählt wurden. Nachdem auch für das CAPM der wertgewichtete CRSP Index als Marktindex verwendet wurde, stimmen die

Marktrenditen, bzw. die MRP beider Modelle überein. Die SMB und HML Prämien[14] erhält man, indem man das arithmetische Mittel der Renditedifferenz zwischen kleineren und größeren Aktien sowie zwischen Aktien mit einem hohen und einem niedrigen Buch-zum-Marktwert berechnet (Brealey et al. 2013, S. 207). Die drei Beta-Faktoren, welche die Sensitivität gegenüber den einzelnen Faktoren messen, werden für den Zeitraum 27.03.2009 – 28.03.2014 mittels einer linearen Regression[15] geschätzt. Letztlich resultiert die Ausführung des F-F (Formel 2) in Eigenkapitalkosten der KO in Höhe von $k_E = 5,78\ \%$.

Historisches Beta $_{Rm-Rf}$	0,6496
Marktrisikoprämie	7,53%
Historisches Beta $_{SMB}$	-0,4227
SMB Prämie	1,53%
Historisches Beta $_{HML}$	-0,3559
HML Prämie	3,09%
Risikofreie Rendite	2,63%
Eigenkapitalkosten	**5,78%**

Tab. 4: Anwendung des Fama-French-Modells bei der Coca-Cola Company

Das F-F liefert im Vergleich zum CAPM[16] einen leicht niedrigeren Eigenkapitalkostensatz für die KO. Das liegt einerseits daran, dass die KO mit einer aktuellen Marktkapitalisierung von 178,36 Mrd. ein sehr großes Unternehmen ist und folglich ein negatives Beta gegenüber der SMB Prämie aufweist. Andererseits verfügt KO aufgrund ihres hohen Markenwertes über ein hohes KBV (=5,45) und somit ist auch das β_{HML}, welches die Sensitivität zum Faktor HML misst, negativ. Das F-F führt also bei Aktien mit einem hohen KBV zu einer niedrigeren erwarteten Rendite (Brealey et al. 2013, S.207). Beim Vergleich des CAPM mit dem F-F fallen neben den Betas die ähnlich hohen statistischen Kennzahlen Bestimmtheitsmaß, Jensen´s Alpha und Standardfehler der jeweiligen Regression auf.[17] Diese Kennzahlen geben Auskunft über die statistische Aussagekraft und Relevanz einer Regression.

6. Vergleichende Betrachtung ähnlicher Unternehmen

Als Vergleichsunternehmen für die KO wurden aus der Branche „Beverages-Soft Drinks" neben dem Dauerkonkurrenten PEP, den mittelgroßen Unternehmen MNST und DPS mit COT und FIZZ bewusst noch zwei kleinere Unternehmen herangezogen.

---

[14] Für die Höhe der drei Faktorprämien vgl. Tabelle 11 im Anhang.
[15] Vgl. Regressionsoutput in Abb. 7.
[16] Vgl. Tabelle 9 im Anhang.
[17] Vgl. Regressionsoutput in Abb. 6 und 7.

Wie in Kapitel drei bereits angekündigt, reduziert sich der Vergleich in dieser Bachelorarbeit auf die für das F-F entscheidenden Faktoren Größe und KBV. Die Durchführung des CAPM hat für die genannten Unternehmen zu folgenden Eigenkapitalkosten geführt:

	PEP	DPS	COT	MNST	FIZZ
Historisches Beta	0,3555	0,4591	1,0505	0,6388	0,7084
Marktrendite	10,16%	10,16%	10,16%	10,16%	10,16%
Risikofreie Rendite	2,63%	2,63%	2,63%	2,63%	2,63%
Eigenkapitalkosten	**5,31%**	**6,09%**	**10,54%**	**7,44%**	**7,96%**

Tab. 5: Durchführung des CAPM bei Konkurrenten der Coca-Cola-Company

Tabelle 5 verdeutlicht, dass im Vergleich zur KO insbesondere die kleineren Unternehmen COT und FIZZ eine verstärkte Sensitivität zu Marktveränderungen aufweisen.
Ein Grund für die hohen Betas liegt möglicherweise in der hohen Exklusivität der Pro-
duktlinien und der daraus resultierenden erhöhten Konjunkturabhängigkeit beider Unternehmen (Damodaran 2010, S. 131). Sowohl FIZZ als auch COT bieten nämlich eine
Vielzahl an Premium-Getränken und speziellen Produkten an. Dahingegen zeichnet
sich PEP, das auch im Snack-Food Segment tätig ist, durch eine sehr geringe Sensitivität zur Gesamtmarktentwicklung aus. Obwohl das F-F für die analysierten Unternehmen zu ähnlich hohen Eigenkapitalkosten führt, liefert es nichtsdestotrotz einen inter-
essanten Vergleich zum CAPM, da es eine Erklärung für den Einfluss der zusätzlichen
Faktoren Größe und KBV auf die Höhe der Eigenkapitalkosten liefert.

	PEP	DPS	COT	MNST	FIZZ
Historisches Beta $_{Rm-Rf}$	0,4119	0,5230	1,0455	0,7007	0,5303
Marktrisikoprämie	7,53%	7,53%	7,53%	7,53%	7,53%
Historisches Beta $_{SMB}$	-0,1348	-0,1274	-0,0295	-0,0653	0,7167
SMB Prämie	1,53%	1,53%	1,53%	1,53%	1,53%
Historisches Beta $_{HML}$	-0,1425	-0,1898	0,0574	-0,2479	0,1281
HML Prämie	3,09%	3,09%	3,09%	3,09%	3,09%
Risikofreie Rendite	2,63%	2,63%	2,63%	2,63%	2,63%
Eigenkapitalkosten	**5,09%**	**5,79%**	**10,64%**	**7,04%**	**8,11%**

Tab. 6: Anwendung des Fama-French-Modells bei Wettbewerbern der
Coca-Cola Company

Tabelle 6 gibt die jeweilige Sensitivität der Unternehmen gegenüber den drei Faktoren
wieder. Ähnlich wie KO zeigt auch PEP aufgrund seiner Größe und seines hohen KBV
ein negatives Beta gegenüber den Faktoren HML und SMB auf. Deshalb resultiert das
F-F verglichen zum CAPM auch bei PEP in niedrigeren Eigenkapitalkosten. Der Unterschied zwischen den beiden Modellen ist bei PEP allerdings nicht ganz so groß, da

es nicht so stark auf Veränderungen in den SMB und HML Portfolios reagiert. Die gleichen Gründe führen auch bei MNST und DPS zu einer Reduktion der Eigenkapitalkosten. Im Kontrast dazu fallen die Eigenkapitalkosten der kleineren Unternehmen COT und FIZZ wie vom F-F prognostiziert höher aus als beim CAPM. Vor allem das kleine Unternehmen FIZZ weist eine stark positive Sensitivität gegenüber den Faktoren SMB und HML auf. Allerdings ist beim Vergleich und der Interpretation der Resultate Vorsicht geboten, da bei den F-F Regressionen zur Schätzung der Beta-Koeffizienten der Konkurrenten die wenigsten Betas statistisch signifikant sind.

7. Schlussbetrachtung

Im Rahmen dieser Bachelorarbeit wurden mit dem CAPM und dem F-F zwei bedeutende Modelle der modernen Finanzierungstheorie dargestellt und für die Kapitalkostenschätzung bei KO und deren Wettbewerbern angewandt. Beide Modelle liefern eine Erklärung für die Renditestruktur risikobehafteter Kapitalanlagen. Im Gegensatz zum CAPM werden beim F-F neben der MRP noch zwei weitere Faktoren zur Erklärung der Renditen berücksichtigt. Fama und French konnten mit ihrem Modell zeigen, dass kleine Aktien und Aktien mit hohem Buch-zu-Marktwert immer wieder höhere Renditen erzielt haben, als vom CAPM angenommen wurde (1992, S. 427-28). Damit rücken sie mit der Größe und dem KBV zwei zusätzliche Faktoren in den Vordergrund, die Teile der Renditen erklären können, die beim CAPM ungeklärt bleiben. Für den großen US-Getränkekonzern KO ergeben sich nach Durchführung des CAPM relativ niedrige Eigenkapitalkosten in Höhe von $k_E = 6,33$ %. Das ist vor allem auf die hohe Marktposition und das schwach zyklische Geschäftsmodell von KO zurückzuführen. Aufgrund der im Allgemeinen eher geringen Sensitivität der Erfrischungsgetränk-Branche zur Gesamtmarktentwicklung ergeben sich auch für die Konkurrenten wie PEP oder DPS niedrige Beta-Werte. Das F-F resultiert für die KO in niedrigeren Eigenkapitalkosten ($k_E = 5,78$ %), da KO als großes Unternehmen mit einem hohen KBV ein negatives Beta gegenüber den Faktoren SMB und HML aufweist. Daraus lässt sich folgern, dass KO Aktien (Growth-Aktien) durchweg niedrigere Renditen erzielen als vom CAPM angenommen wird (Brealey et al. 2013, S. 207). Ob das F-F Modell damit eine treffendere Erklärung für die Schätzung der Eigenkapitalkosten von KO abgibt, lässt sich dennoch nicht eindeutig sagen, da es unklar ist, ob die durchschnittlichen SMB/HML Prämien wirklich einen Ausgleich für das zusätzliche Risiko darstellen oder nicht nur das Ergebnis einer Fehlbewertung sind (Ross et al. 2010, S. 385).

Anhang

2.1 Die Herleitung des CAPM

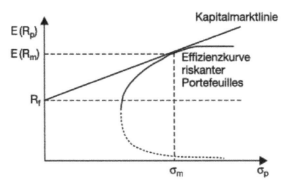

Abb. 2: Die Kapitalmarktlinie mit einer risikolosen und vielen riskanten Anlagemöglichkeiten[18]

Auf der CML liegen somit alle effizienten Kombinationen aus der risikolosen Anlagemöglichkeit und dem Tangentialportfolio. Dieses bildet bei homogenen Erwartungen der Anleger das Marktportfolio, welches alle risikobehafteten Wertpapiere enthält, ab (Perridon et al. 2009, S. 263-64). Mit der CML kann gezeigt werden, dass die zu erwartende Rendite eines Wertpapieres eine lineare Funktion der Risikoprämie des Marktportfolios ist:

$$E(R_i) = R_f + \frac{E(R_m) - R_f}{\sigma_m} \sigma_i \qquad [3]$$

Alle Marktteilnehmer versuchen demzufolge das Portfolio mit der maximalen Steigung auszuwählen.

$$\Lambda_{max} = \frac{E(R_m) - R_f}{\sigma_m} \qquad [4]$$

Diese kann als „Marktpreis für die Risikoübernahme" im Kapitalmarktgleichgewicht betrachtet werden (Perridon et al. 2009, S. 264).

Im Folgenden werden die ersten beiden Teilschritte der Herleitung der Wertpapierlinie (SML), dem Kern des CAPM dargelegt. Dabei werden die Funktionen im Zähler und Nenner von Λ isoliert nach w_j abgeleitet.

---

[18] Bildquelle: http://wirtschaftslexikon.gabler.de/media/546/45133.png

Schritt 1:

$$\frac{\partial}{\partial w_j}\left(\sum w_i\, E(R_i) - R_f\right) = \frac{\partial}{\partial w_j}\left(\sum w_i\, [E(R_i) - R_f]\right) = E(R_j) - R_f \quad [7]$$

Die obige Gleichung stellt die Optimalitätsbedingung für die Rendite des Wertpapieres j dar.

Schritt 2:

$$\frac{\partial}{\partial w_j}(\sigma_p) = \frac{\partial}{\partial w_j}\left(\sqrt{\sigma_p^2}\right) = \frac{1}{2}(\sigma_p^2)^{-1/2} \times \left(2w_j\sigma_j^2 + 2\sum_{i\neq j} w_j\,\sigma_{ij}\right)$$

$$= \sigma_p^{-1} \times \sum w_i\,\sigma_{ij} = \sigma_p^{-1} \times \sigma_{jp} = \frac{\sigma_{jp}}{\sigma_p}$$

[8]

Im Kapitalmarktgleichgewicht müssen sich die Nachfrage und das Angebot an Wertpapieren entsprechen, sodass es zur Markträumung kommt (Danthine/Donaldson 2005, S. 121-22).

2.2 Die Wertpapierlinie und der Rendite-Risiko Zusammenhang des CAPM

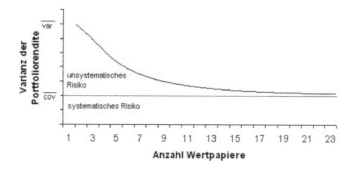

Abb. 3: Diversifikationseffekte mit steigender Anzahl an risikobehafteten Wertpapieren im Portfolio[19]

Abb. 3 zeigt, dass die Diversifikation des Portfolios zu einer Reduktion des Anlagerisikos führt. Sie verdeutlicht jedoch auch, dass nur das unsystematische Risiko wegdiversifiziert werden kann (Bauer 1992, S. 32). Folglich sind in großen Portfolios die Kovarianzen der risikobehafteten Wertpapiere mit dem Marktportfolio und nicht die Varianzen entscheidend.

---

[19] Bildquelle: http://finance.wiwi.tu-dresden.de/Wiki-fi/images/9/9e/Portfoliorendite.JPG

3. Unternehmensanalyse der Coca-Cola Company

Abb. 4: Entwicklung der Aktienpreise der Coca-Cola Company seit 1994

Branche: Beverages-Soft drinks	
Unternehmen	**Marktkapitalisierung**
Coca-Cola Company (KO)	178,36 Mrd.
PepsiCo, Incorporation (PEP)	129,74 Mrd.
Dr Pepper Snapple Group, Incorporation (DPS)	11,23 Mrd.
Cott Corporation (COT)	667,84 Mio.
Monster Beverage Corporation (MNST)	11,59 Mrd.
National Beverage Corporation (FIZZ)	824,25 Mio.

Tab. 7: Vergleich der Marktkapitalisierungshöhe ausgewählter Unternehmen aus der Erfrischungsgetränk-Branche (Datenquelle: Yahoo Finance)

4.3 Schätzung des Risikoparameters Beta

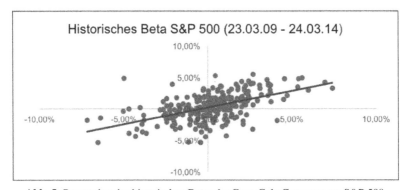

Abb. 5: Regression des historischen Betas der Coca-Cola Company am S&P 500

X

Wöchentliche Daten (23.03.2009 - 24.03.2014)

Regressions-Statistik

Multipler Korrelationskoeffizient	0,5455
Bestimmtheitsmaß	0,2976
Adjustiertes Bestimmtheitsmaß	0,2949
Standardfehler	0,0180
Beobachtungen	262

ANOVA

	Freiheitsgrade (df)	Quadratsummen (SS)	Mittlere Quadratsumme (MS)	Prüfgröße (F)	F krit
Regression	1	0,0359	0,0359	110,1560	0,0000
Residue	260	0,0846	0,0003		
Gesamt	261	0,1205			

	Koeffizienten	Standardfehler	t-Statistik	P-Wert	Untere 95%	Obere 95%	Untere 95,0%	Obere 95,0%
Schnittpunkt	0,0012	0,0011	1,0637	0,2885	-0,0010	0,0034	-0,0010	0,0034
Rm-Rf	0,5229	0,0498	10,4955	0,0000	0,4248	0,6210	0,4248	0,6210

Abb. 6: Regressions-Output der Coca-Cola Company beim CAPM

4.5 Sensitivitätsanalyse zu den wichtigsten Parametern der Schätzung

| | Marktindex | | |
	S&P 500	NASDAQ	DOW
Alpha	0,0012	0,0013	0,0011
Beta	**0,5229**	**0,4104**	**0,6027**
Bestimmtheitsmaß	0,2976	0,2236	0,3403
Standardfehler	0,0180	0,0190	0,0175

Tab. 8: Verwendung verschiedener Indizes zur Berechnung des historischen Betas mit wöchentlichen Renditen (23.03.09 – 24.03.14)

Anmerkung zum CRSP Index:

Aufgrund der in diesem Zeitraum nahezu perfekten Korrelation zwischen dem CRSP und dem S&P 500 (ρ= 0,99) liegt das Beta am CRSP mit β=0,4908 nur knapp unter dem vom S&P 500.

Historisches Beta	0,4908
Marktrendite	10,16%
Risikofreie Rendite	2,63%
Eigenkapitalkosten	**6,33%**

Tab. 9: Durchführung des CAPM mit dem CRSP als Marktindex

Zeitraum	Historisches Beta mit wöchentlichen Daten	Bestimmtheitsmaß
1984-2014	0,7114	0,2580
1989-2014	0,6858	0,2403
1994-2014	0,6248	0,2241
1999-2014	0,5213	0,1943
2004-2014	0,5711	0,3540
2009-2014	**0,5229**	0,2976
2010-2014	0,5771	0,3810
2011-2014	0,6119	0,3864

Tab. 10: Entwicklung der Betahöhe der Coca-Cola Company seit 1984

5.2 Anwendung des Fama-French-Modells

Zeitraum	1994-2014
Arithmetische MRP	7,53%
Arithmetische SMBP	1,53%
Arithmetische HMLP	3,09%

Tab. 11: Höhe der drei Faktorprämien beim Fama-French-Modell

Wöchentliche Daten (27.03.2009 - 28.03.2014)

Regressions-Statistik

Multipler Korrelationskoeffizient	0,5804
Bestimmtheitsmaß	0,3368
Adjustiertes Bestimmtheitsmaß	0,3291
Standardfehler	0,0176
Beobachtungen	262

ANOVA

	Freiheitsgrade (df)	Quadratsummen (SS)	Mittlere Quadratsumme (MS)	Prüfgröße (F)	F krit
Regression	3	0,0406	0,0135	43,6810	0,0000
Residuen	258	0,0799	0,0003		
Gesamt	261	0,1205			

	Koeffizienten	Standardfehler	t-Statistik	P-Wert	Untere 95%	Obere 95%	Untere 95,0%	Obere 95,0%
Schnittpunkt	0,0009	0,0011	0,8287	0,4081	-0,0013	0,0031	-0,0013	0,0031
Rm-Rf	0,6496	0,0579	11,2114	0,0000	0,5355	0,7637	0,5355	0,7637
SMB	-0,4227	0,1126	-3,7526	0,0002	-0,6445	-0,2009	-0,6445	-0,2009
HML	-0,3559	0,1021	-3,4845	0,0006	-0,5570	-0,1548	-0,5570	-0,1548

Abb. 7: Regressions-Output der Coca-Cola Company beim Fama-French-Modell

Literaturverzeichnis

Bauer, C. (1992): Das Risiko von Aktienanlagen: Die fundamentale Analyse und Schätzung von Aktienrisiken, Köln: Müller Botermann Verlag.

Berk, J. / DeMarzo, P. (2011): Grundlagen der Finanzwirtschaft: Analyse, Entscheidung und Umsetzung, München: Pearson Deutschland GmbH.

Berk, J. / DeMarzo, P. / Harford, J. (2012): Fundamentals of Corporate Finance, 2nd Edition, Boston: Pearson Education.

Brealey, R. / Myers, S. / Allen, F. (2013): Principles of Corporate Finance, 11th Edition, New York: McGraw-Hill.

Bruner, R. / Eades, K. / Harris, R. / Higgins, R. (1998): Best Practices in Estimating the Cost of Capital- Survey and Synthesis, *Financial Practice and Education*, Vol. 8, Issue 1, 13-28.

Cochrane, J. (2005): Asset Pricing, Revised Edition, Princeton: Princeton University Press.

Copeland, T. / Weston, F. / Shastri, K. (2008): Finanzierungstheorie und Unternehmenspolitik: Konzepte der kapitalmarktorientierten Unternehmensfinanzierung, 4.Auflage, München: Pearson Deutschland GmbH.

Damodaran, A. (2008): What is the risk-free rate? A Search for the Basic Building Block, New York.

Damodaran, A. (2010): Applied Corporate Finance, 3rd Edition, New York: Wiley Verlag.

Danthine, J. / Donaldson, J. (2005): Intermediate Financial Theory, 2nd Edition, London: Elsevier Academic Press.

Fama, E. / French, K. (1992): The Cross-Section of Expected Stock Returns, *Journal of Finance*, (47), 427-465.

Fama, E. / French, K. (1993): Common Risk Factors in the Returns on Stocks and Bonds, *Journal of Financial Economics*, (33), 3-56.

KO (2012): Geschäftsbericht, http://assets.coca-colacompany.com/c4/28/d86e73434193975a768f3500ffae/2012-annual-report-on-form-10-k.pdf, Stand: 28.05.2014.

KO (2013): Geschäftsbericht, http://assets.coca-colacompany.com/d0/c1/7afc6e6949c8adf1168a3328b2ad/2013-annual-report-on-form-10-k.pdf, Stand: 28.05.2014.

KO   (2014):   Unternehmensinformation,   http://www.coca-colacompany.com/our-company/infographic-coca-cola-at-a-glance, Stand: 17.05.2014

Kruschwitz, L. / Schöbel, R. (1987): Die Beurteilung riskanter Investitionen und das Capital Asset Pricing Model (CAPM), *WiSt Heft 2*.

Lintner, J. (1965): The Valuation of Risk Assets and the Selection of Risky Investments in Stock Portfolios and Capital Budgets, *The Review of Economics and Statistics*, (47), 13-37.

Markowitz, H. (1952): Portfolio Selection, *Journal of Finance*, Vol. 7, Issue 60, 77-91.

Markowitz, H. (1991): Portfolio Selection: Efficient Diversification of Investments, 2nd Edition, Cambridge: Blackwell.

Mossin, J. (1966): Equilibrium in a Capital Asset Market, *Economterica*, Vol. 4, Issue 34, 768-783.

N-tv (2014): Coca-Cola kommt bald aus der Kapsel, http://www.n-tv.de/wirtschaft/Coca-Cola-kommt-bald-aus-der-Kapsel-article12225301.html, Stand: 02.06.2014

Perridon, L. / Steiner, M. / Rathgeber, A. (2009): Finanzwirtschaft der Unternehmung, 15. Auflage, München: Verlag Vahlen.

Reuters (2008): Coca-Cola bekommt in Europa Wirtschaftskrise zu spüren, http://de.reuters.com/article/companiesNews/idDEBEE4AS01B20081129, Stand: 02.06.2014

Ross, S. (1976): The Arbitrage Theory of Capital Asset Pricing, *Journal of Economic Theory*, (13), 341-360.

Ross, S. / Westerfield, R. / Jaffe, J. (2010): Corporate Finance, 9th Edition, New York: McGraw-Hill/Irwin.

Schmidlin, N. (2013): Unternehmensbewertung & Kennzahlenanalyse: Praxisnahe Einführung mit zahlreichen Fallbeispielen börsennotierter Unternehmen, 2. Auflage, München: Verlag Vahlen.

Sharpe, W. (1964): Capital Asset Prices: A Theory of Market Equilibrium under Conditions of Risk, *Journal of Finance*, (19), 425-442.

Lightning Source UK Ltd.
Milton Keynes UK
UKHW010640060421
381519UK00002B/401